Impressum
Verlag: BABADADA GmbH, Nedderfeld 112 , 22529 Hamburg
Geschäftsführer / Verlagsleitung: Harald Hof
Druck: Books on Demand GmbH, In de Tarpen 42, 22848 Norderstedt

Imprint
Publisher: BABADADA GmbH, Nedderfeld 112 , 22529 Hamburg, Germany
Managing Director / Publishing direction: Harald Hof
Print: Books on Demand GmbH, In de Tarpen 42, 22848 Norderstedt

sukuu

koulu

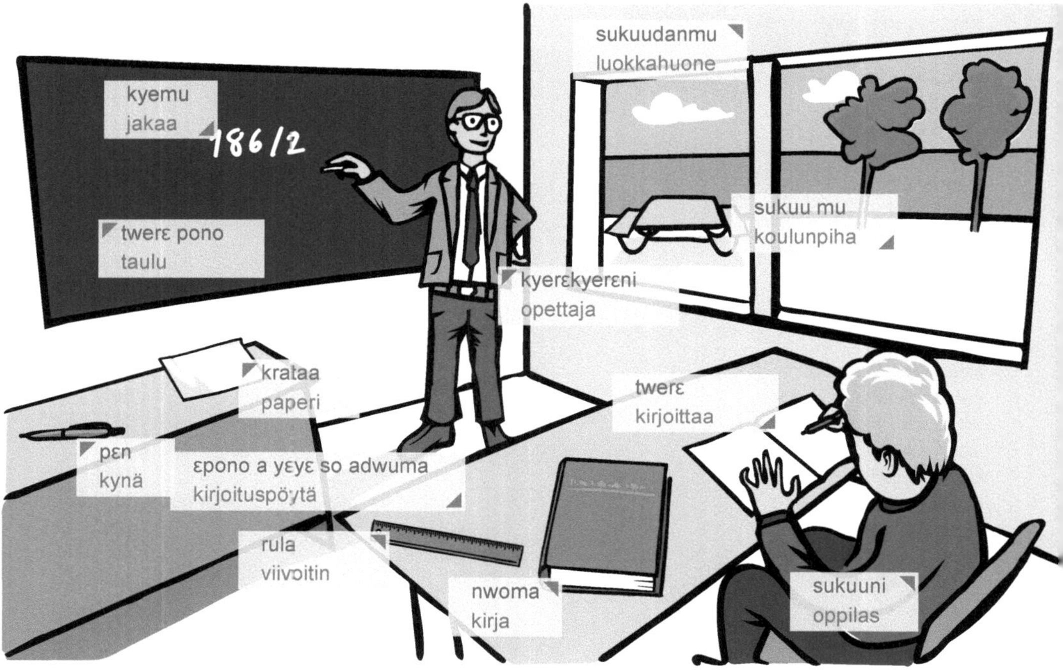

sukuudanmu
luokkahuone
kyemu
jakaa
186/2
twerɛ pono
taulu
sukuu mu
koulunpiha
kyerɛkyerɛni
opettaja
krataa
paperi
twerɛ
kirjoittaa
pɛn
kynä
ɛpono a yɛyɛ so adwuma
kirjoituspöytä
rula
viivoitin
nwoma
kirja
sukuuni
oppilas

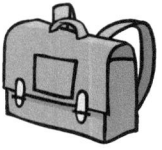

baage
reppu

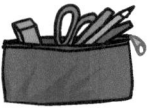

twerɛdua konko
penaali

twerɛdua
lyijykynä

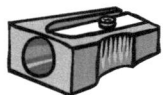

deɛ yɛde sensen twerɛdua ano
kynänteroitin

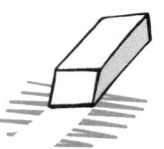

rɔba
pyyhekumi

krataa a yɛdwi adeguso
piirustuslehtiö

adedwie

piirustus

penti brɔhye

pensseli

penti adaka

vesiväri:

apasɔɔ

sakset

aman

liima

nwoma a yɛyɛ mu adwuma

harjoituskirja

efie adwuma

kotitehtävä

nɔma

luku

kabom

lisätä

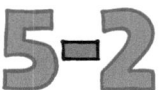

te fri mu

vähentää

mmɔho

kertoa

sese

laskea

lɛtɛ

kirjain

ntwerɛeɛ

aakkoset

asɛmfua

sana

ntwerɛdeɛ

teksti

kenkan

lukea

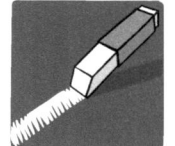

kyɔk

liitu

adesua

oppitunti

twerɛ wo din

opettajan muistikirja

nsɔhwɛ

koe

abodinkrataa

todistus

sukuu ataadeɛ

koulupuku

adesua

koulutus

nyansa nwoma

sanakirja

suapɔn

yliopisto

maakroskop

mikroskooppi

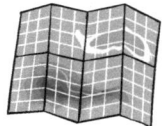

map

kartta

kɛntɛn a yɛde krataa nwura
gu mu

roskakori

ahɔhogyebea
hotelli

Grand

hostɛl
retkeilymaja

ROOMS

EXCHANGE

D

baabi a yɛ sesa sika
rahanvaihto

potomanto
matkalaukku

kaa
auto

kasa
kieli

aane / dabi
kyllä / ei

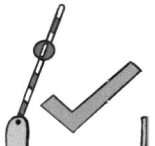

Yoo
selvä

hɛlo
hei

kasa asekyerɛfoɔ
tulkki

Medaase
kiitos

...bɔɔ yɛ sɛn?

Paljonko...maksaa?

Me nte aseɛ

en ymmärrä

ɔhaw

ongelma

Maadwo!

Hyvää iltaa!

Maakye!

Hyvää huomenta!

Dayie!

Hyvää yötä!

baibai o

näkemiin

akwankyerɛ

suunta

wo nneɛma

matkatavarat

bɔtɔ

laukku

akyirebɔtɔ

reppu

ɔhɔhoɔ

vieras

danmu

huone

bɔtɔ a yɛda mu

makuupussi

ntomadan

teltta

nsɛm dema wɔn a wɔkɔ
nsrahwɛ
....
turisti-info

mpoano
....
ranta

kaade a yɛde yi sika
....
luottokortti

anɔpa aduane
....
aamupala

awua aduane
....
lounas

anwumerɛ aduane
....
päivällinen

tiket
....
matkalippu

pegya
....
hissi

stamp
....
postimerkki

ɛhyeɛ so
....
raja

kutɔmfoɔ
....
tulli

embasi
....
suurlähetystö

visa
....
viisumi

passpɔt
....
passi

akɔneabadie
kuljetus

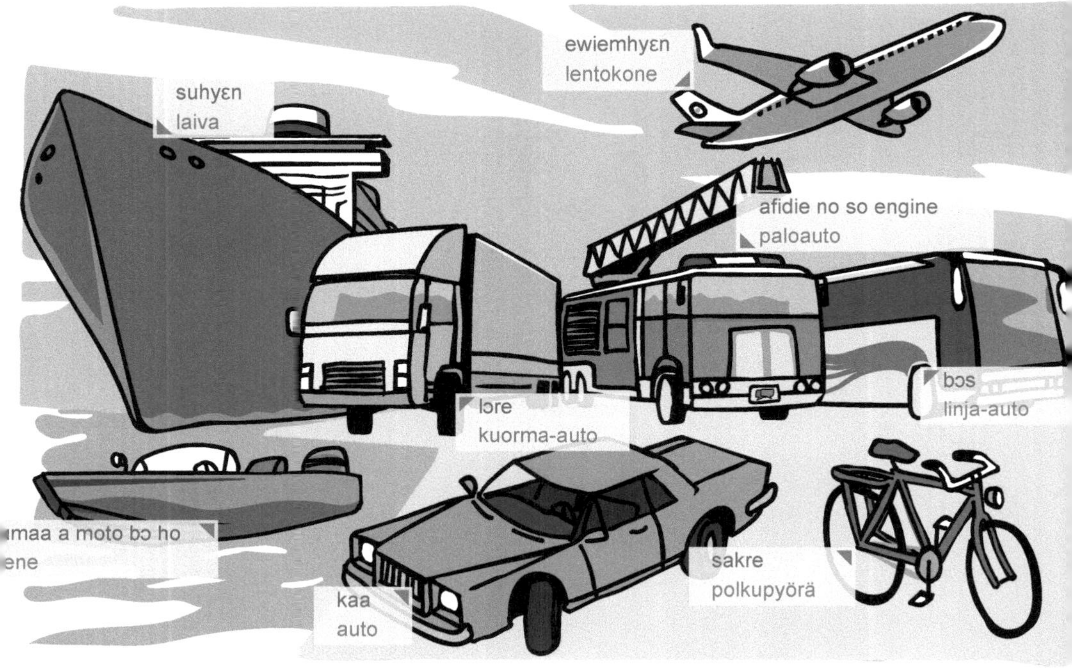
suhyɛn
laiva
ewiemhyɛn
lentokone
afidie no so engine
paloauto
lɔre
kuorma-auto
bɔs
linja-auto
maa a moto bɔ ho
ene
kaa
auto
sakre
polkupyörä

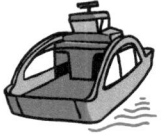

hyɛma

lautta

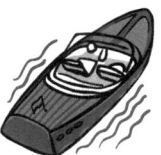

suhyɛn kumaa

vene

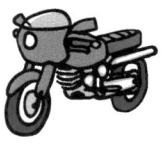

motosakre

moottoripyörä

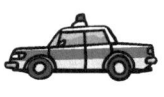

polisifoɔ kaa

poliisiauto

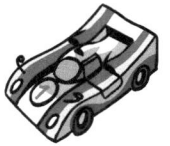

kaa a ɛkɔ mirika akansie

kilpa-auto

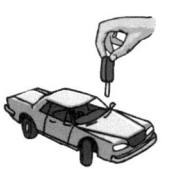

kaa a yɛde ma ahan

vuokra-auto

wɔre kyɛ kaa
....
car sharing

lɔre a asɛeɛ
....
hinausauto

bɔɔla kaa
....
roska-autɔ

moto
....
moottori

pɛtro
....
polttoaine

baabi a yɛbu pɛtro
....
huoltoasema

trafik ahyɛnsodeɛ
....
liikennemerkki

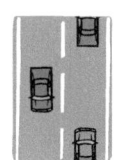

trafik
....
liikenne

trafik akye
....
ruuhka

baabi a yɛde kaa esi
....
parkkipaikka

keteke gyinabea
....
rautatieasema

keteke kwan
....
raiteet

keteke
....
juna

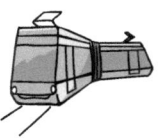

tram
....
raitiovaunu

ponkɔ kaa
....
vaunu

helikopta

helikopteri

ewiemhyɛnbea

lentokenttä

abansoro

lähilennonjohto

apasingyani

matkustaja

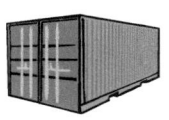

tontowa

kontti

adaka

pahvilaatikko

kaate

kärryt

kɛntɛn

kori

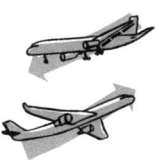

atu / asi fam

nousta / laskea

kuro kɛseɛ

kaupunki

akurase

kylä

kuro dwaberɛ mu

keskusta

efie

talo

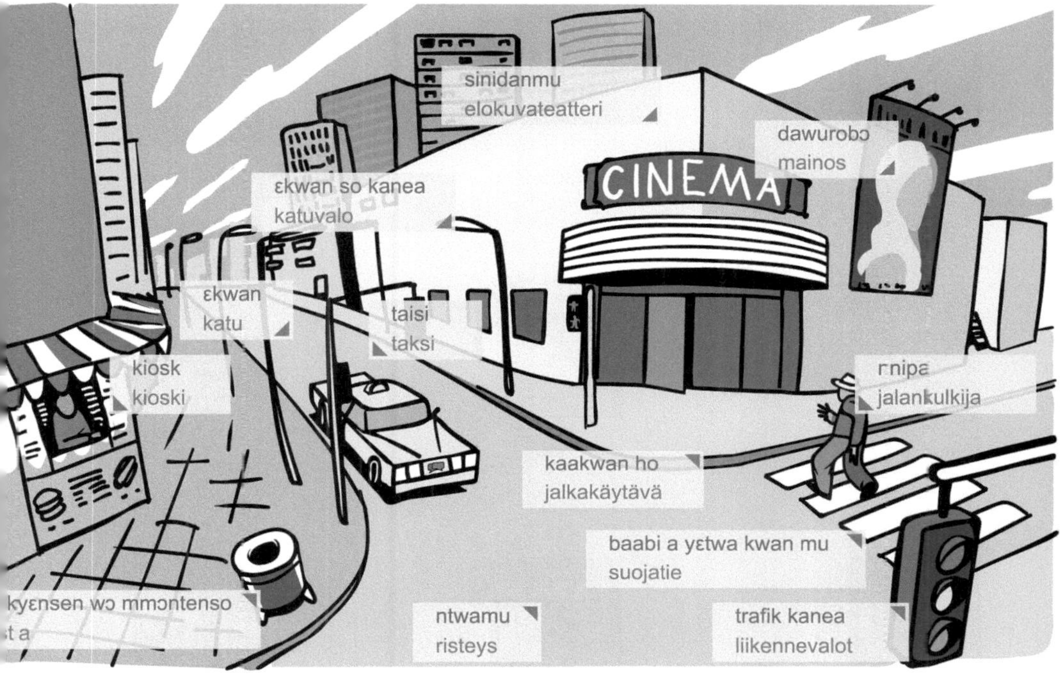

sinidanmu
elokuvateatteri

dawurobɔ
mainos

ɛkwan so kanea
katuvalo

ɛkwan
katu

taisi
taksi

kiosk
kioski

ʀnipɛ
jalankulkija

kaakwan ho
jalkakäytävä

baabi a yɛtwa kwan mu
suojatie

kyɛnsen wɔ mmɔntenso
t a

ntwamu
risteys

trafik kanea
liikennevalot

apata

mökki

efie

kerrostalo

keteke gyinabea

rautatieasema

adwaberɛm

kaupungintalo

bea a yɛ kora tete nneɛma

museo

sukuu

koulu

suapɔn

yliopisto

sikakrobea

pankki

ayaresabea

sairaala

ahɔhogyebea

hotelli

famasi

apteekki

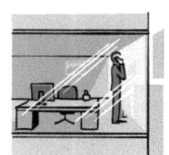

asoeɛ

toimisto

sotɔɔ a wɔtɔn nwoma

kirjakauppa

sotɔɔ

liike

baabi yɛtɔn nhwiren

kukkakauppa

sotɔɔpɔn

supermarketti

edwam

tori

sotɔɔ kɛseɛ

tavaratalo

baabi a yɛtɔn mpataa

kalakauppias

dwadibea kɛseɛ

ostoskeskus

suhyɛn gyinabea

satama

baabi kaa gyina

puisto

bɛnkye

penkki

ɛtwene

silta

atwedeɛ

portaat

asaase ase

metro

ɛbɔn

tunneli

baabi a bɔs gyina

linja-autopysäkki

nsanombea

baari

adidibeɛ

ravintola

lɛta adaka

postilaatikko

ɛkwan so akwankyerɛ

katukyltti

baabi kaa gyina ho mita

parkkimittari

zoo

eläintarha

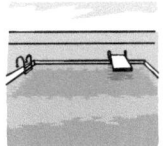

nsuo a yɛ dware mu

uimala

nkramodan

moskeija

afuo

maatila

deɛ egu mmɔnten so fi

ympäristön saastuminen

asieɛ

hautausmaa

asɔre

kirkko

agodibea

leikkikenttä

asɔre dan

temppeli

mmɔnten so asiesie

maisema

ahaban
lehti

sanbɔd
tienviitta

kwan
tie

asaase a ɛsere wɔ so
niitty

boba
kivi

ɔnantefoɔ
retkeilijä

dua
puu

asubɔnten
joki

ɛserɛ
ruoho

nhwiren
kukka

amenamu

laakso

bepɔ

vuori

tadeɛ

järvi

kwaeɛ

metsä

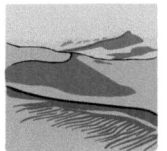

ɛserɛ so

aavikko

egya a efri botan mu

tulivuori

abankɛseɛ

linna

nyankontɔn

sateenkaari

emere

sieni

abɛtene

palmu

ntomntom

hyttynen

tu

kärpänen

ntɛtea

muurahainen

wowa

mehiläinen

ananse

hämähäkki

amankuo

kovakuoriainen

apɔnkyerɛni

sammakko

opuro

orava

apɛsɛ

siili

adanko

jänis

patuo

pöllö

anomaa

lintu

nsuo mu dabodabo

joutsen

kɔkɔte

villisika

adoa

peura

ɔtweenini

hirvi

dam

pato

wind turbine afidie

tuulimylly

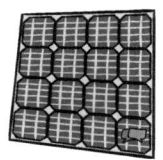

afidie a ɛkye awia

aurinkopaneeli

wiem nsakraeɛ

ilmasto

adidibea
ravintola

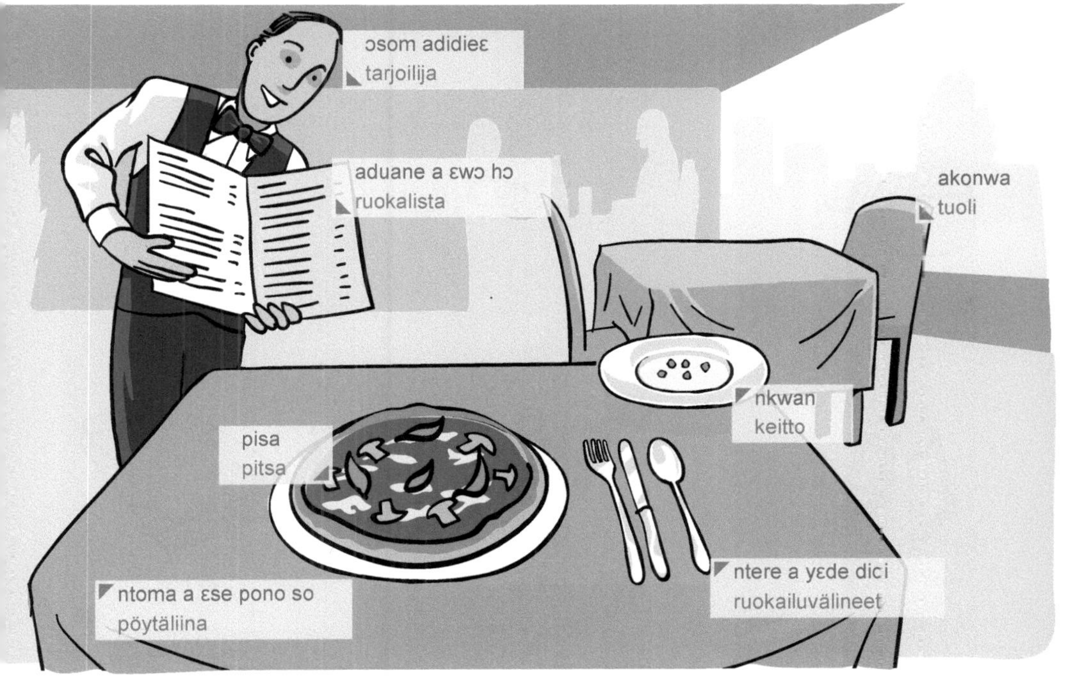
ɔsom adidieɛ
tarjoilija
aduane a ɛwɔ hɔ
ruokalista
akonwa
tuoli
nkwan
keitto
pisa
pitsa
ntere a yɛde dici
ruokailuvälineet
ntoma a ɛse pono so
pöytäliina

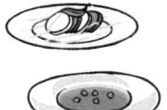

mprampra anom

alkuruoka

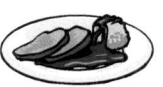

aduane no ankasa

pääruoka

mpa ancm

jälkiruoka

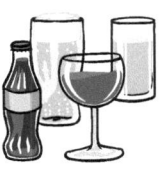

nsa

juomat

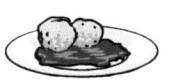

aduane

ruoka

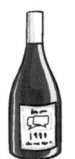

toa

pullo

aduane hyewhyew

pikaruoka

abɔnten so aduane

katuruoka

tii kukuo

teekannu

asikyire konko

sokeriastia

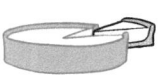

wo kyɛfa

annos

espresso afidie

espressokeitin

akonwa tenten

syöttötuoli

wo ka

lasku

apanpan

tarjotin

sekan

veitsi

adinam

haarukka

atere

lusikka

atere ketewa

teelusikka

napkin a yɛde pepa ano

servietti

glase

lasi

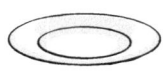

prɛte
lautanen

kwan kyɛnsee
syvä lautanen

prɛte ketewa
aluslautanen

abomu
kastike

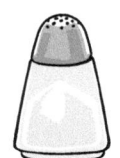

nkyene kukuo
suolasirotin

yɛde yam mako
pippurimylly

fenega
etikka

anwa
öljy

aduhwaʼ
mausteet

kɛkyɔp
ketsuppi

mustad
sinappi

mayones
majoneesi

sotɔɔpɔn

supermarketti

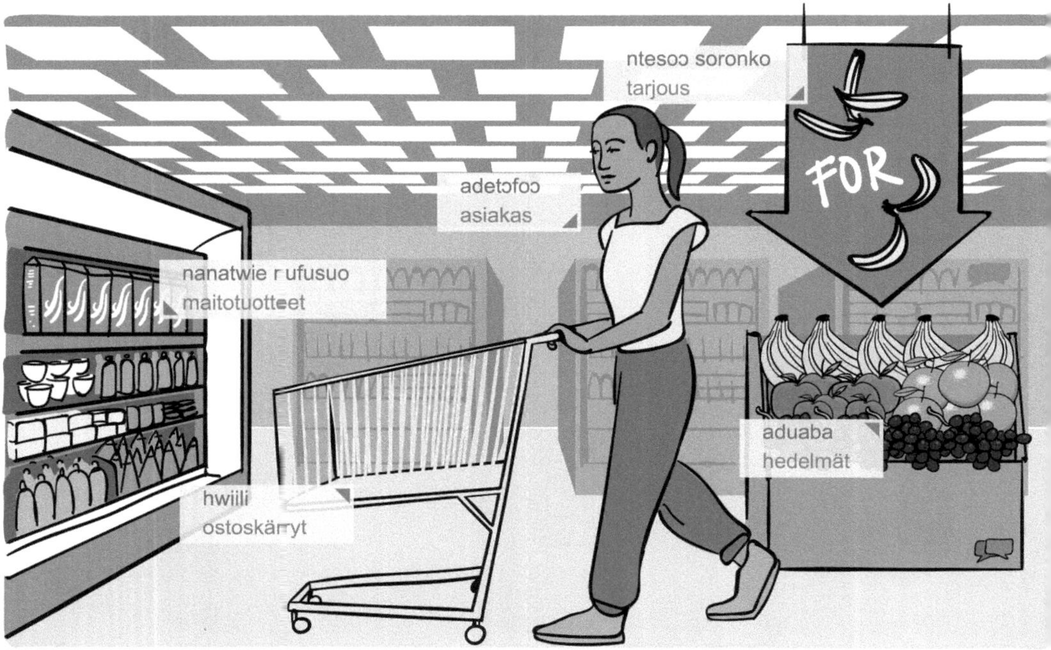

ntesoɔ soronko
tarjous
FOR
adetɔfoɔ
asiakas
nanatwie r ufusuo
maitotuotteet
aduaba
hedelmät
hwiili
ostoskärryt

BUTCHERS

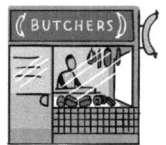

baabi a yɛtɔn nam

teurastamo

BAKERY

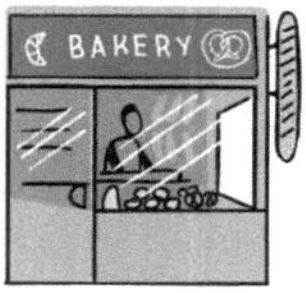

baabi a yɛtɔn paano

leipomo

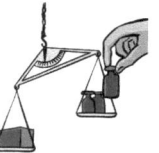

susu

punnita

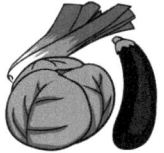

atosodeɛ

kasvikset

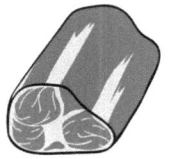

nam

liha

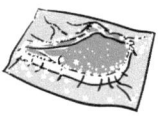

frigyemu aduane

pakasteet

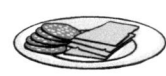

nam a adwɔɔ
leikkele

kyɛnsee mu aduane
säilykkeet

paoda samena
pesujauhə

adedɔkɔdɔkɔ
makeiset

efie nneɛma
kotitaloustarvikkeet

adetɔneɛ a yɛde pepa fin
puhdistusaineet

nnipa a ɔtɔn adeɛ
myyjä

afidie a egye sika
kassa

ɔgyegye sika
kassanhoitaja

krataa a wodi rekɔ di dwa
ostoslista

berɛ a wɔde bua
aukioloajat

sikabɔtɔ
lompakko

kaade a yɛde yi sika
luottokortti

baage
kassi

rɔba baage
muovipussi

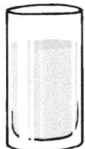

nsuo

vesi

aduaba mu nsuo

mehu

nufusuo

maito

kok

kokis

wain nsa

viini

biya

olut

mmorosa

alkoholi

kokoo

kaakao

tii

tee

kofe

kahvi

espresso

espresso

kapukyino

cappuccino

kwadu

banaani

apol

omena

ankaa

appelsiiri

melon

meloni

akutoɔ

sitruuna

karɔt

porkkana

garlik

valkosipuli

pampro

bambu

gyeenɛ

sipuli

mmere

sieni

nkateɛ

pähkinät

talia

spagetti

spageti

spagetti

ɛmo

riisi

salad

salaatti

kyipis

ranskalaiset

abrɔdwomaa a y'akye

paistetut perunat

pisa

pitsa

hambɔga

hampurilainen

sanwekye

voileipä

nam a dompe nnim

leike

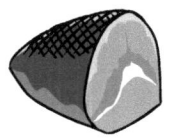

preko nam

kinkku

nam a y'ahata

salami

sɔsege

makkara

akokɔ

kana

toto

paisti

apataa

kala

oosu koko

kaurahiutaleet

muesli

mysli

konflese

murot

esam

jauho

krossant

voisarvi

paano a y'abɔbɔ

sämpylä

paano

leipä

paano a y'atoto

paahtoleipä

biskete

keksit

bɔta

voi

nufusuo a ada

rahka

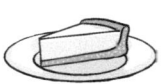

keeke

kakku

kosua

kananmuna

kosua a y'akyeɛ

paistettu kananmuna

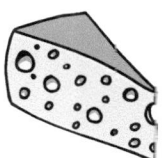

kyiis

juusto

asskrim

jäätelö

asikyire

sokeri

ɛwoɔ

hunaja

gyaam

hillo

kyokolete

suklaapähkinälevite

kɔri

curry

afuo
maatila

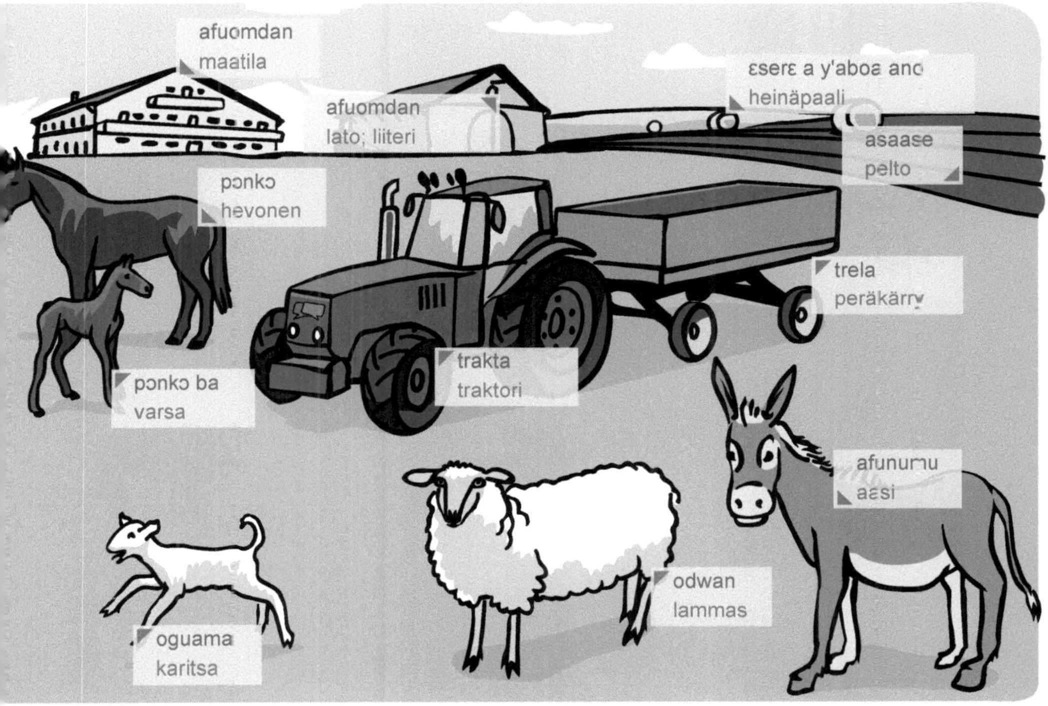
afuomdan
maatila
afuomdan
lato; liiteri
ɛserɛ a y'aboa ano
heinäpaali
asaase
pelto
pɔnkɔ
hevonen
trela
peräkärry
pɔnkɔ ba
varsa
trakta
traktori
afunumu
aasi
odwan
lammas
oguama
karitsa

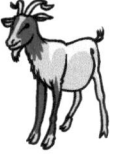

apɔnkye

vuohi

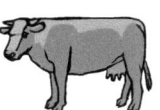

nantwie

lehmä

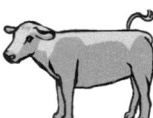

nantwie ba

vasikka

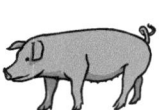

prɛko

sika

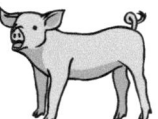

prɛko ba

porsas

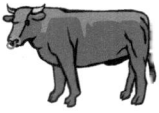

nantwinini

sonni

dabodabo nua

hanhi

dabodabo

ankka

akokɔba

tipu

akokɔbedeɛ

kana

akokɔnini

kukko

kusie

rotta

ɔkra

kissa

akura

hiiri

nantwinini

härkä

kraman

koira

kraman buo

koirankoppi

afuom drobɛn

puutarhaletku

tontora a yɛde gu nsuo

kastelukannu

sekan a yɛde twa aburo

viikate

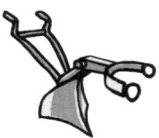

funtum dadeɛ

aura

kɔntɔnkrɔ

sirppi

asɔ

kuokka

afuom adinam

talikko

akuma

kirves

hweebaro

kottikärryt

adidika

kaukalo

nufusuo konko

maitokannu

bɔtɔ

säkki

ɛban

aita

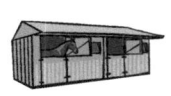

pɔnkɔ dan

talli

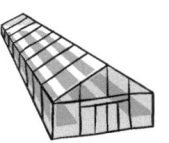

ntomadan a yɛyɛ mu afuo

kasvihuone

anwea

maa

aba

siemen

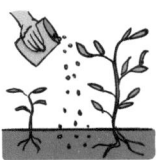

ɔyɛ asaaseyie

lannoite

otwaberɛ traktɔ

leikkuupuimuri

twa

kerätä sato

otwaberɛ

sato

bayerɛ

jamssit

ayuo

vehnä

soya

soija

abrɔdwomaa

peruna

aburo

maissi

repu aba

rypsi

dua a ɛso aba

hedelmäpuu

bankye

maniokki

aburo asefoɔ

vilja

efie
talo

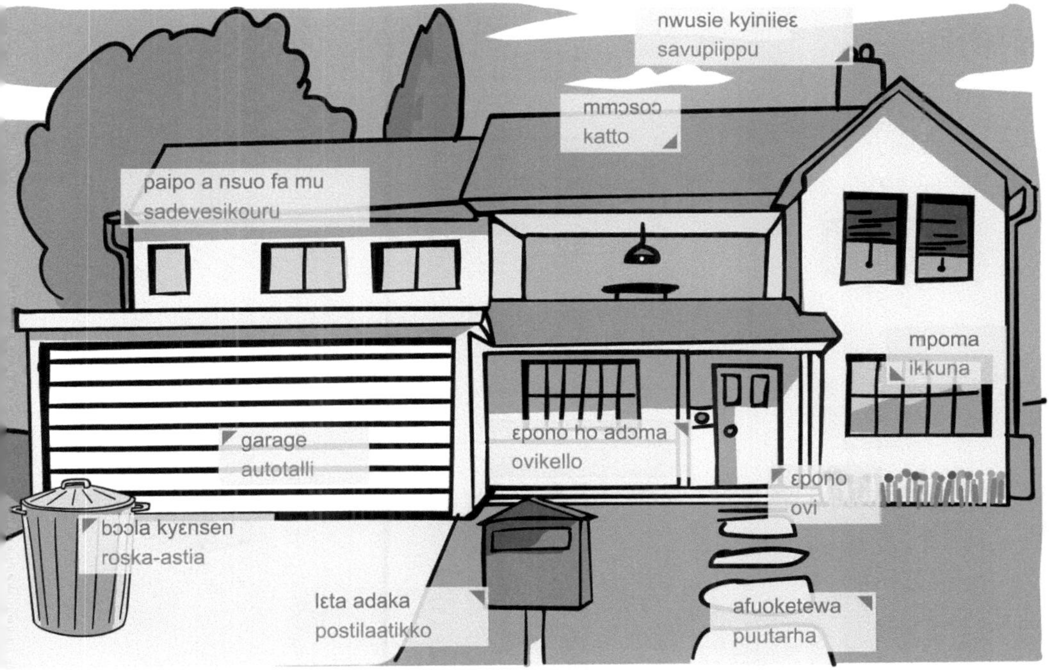
nwusie kyiniieɛ
savupiippu
mmɔsoɔ
katto
paipo a nsuo fa mu
sadevesikouru
mpoma
ikkuna
garage
autotalli
ɛpono ho adɔma
ovikello
ɛpono
ovi
bɔɔla kyɛnsen
roska-astia
lɛta adaka
postilaatikko
afuoketewa
puutarha

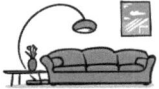

asaso
olohuone

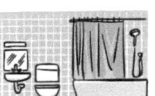

adwareɛ
kylpyhuone

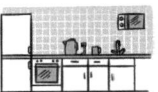

mukaase
keittiö

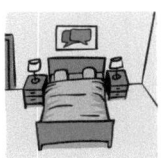

pie mu
makuuhuone

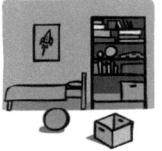

nkwadaa dan mu
lastenhuone

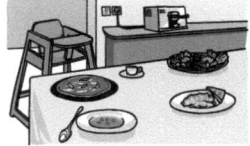

dan a yɛdidi mu
ruokahuone

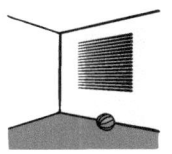

εfam
lattia

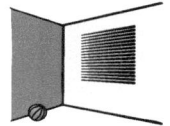

εban
seinä

abruuso
katto

danbloo
kellari

adwereε a εbɔ ɔhyew
sauna

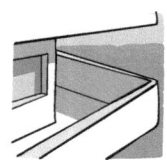

abranaa
parveke

abranaaso
terassi

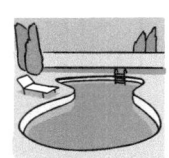

nsuo a yεdware mu
uima-allas

afidie a yεde dɔ
ruohonleikkuri

nsεfam
lakana

ntoma a εse kεtε so
päiväpeitto

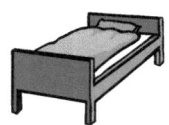

mpa
sänky

prayε
harja

bokiti
ämpäri

dane
katkaisin

krataa a ɛfam dan ho
tapetti

nfonin
kuva

kanea
lamppu

kɔbɔd
hylly

kɔbɔd adaka
kaappi

egya daɛrɛ
takka

tiivi
televisio

nhwiren
kukka

kuhyɛn
tyyny

akonwa kɛseɛ
sohva

kukuo a nhwiren hye mu
maljakko

remote
kaukosäädin

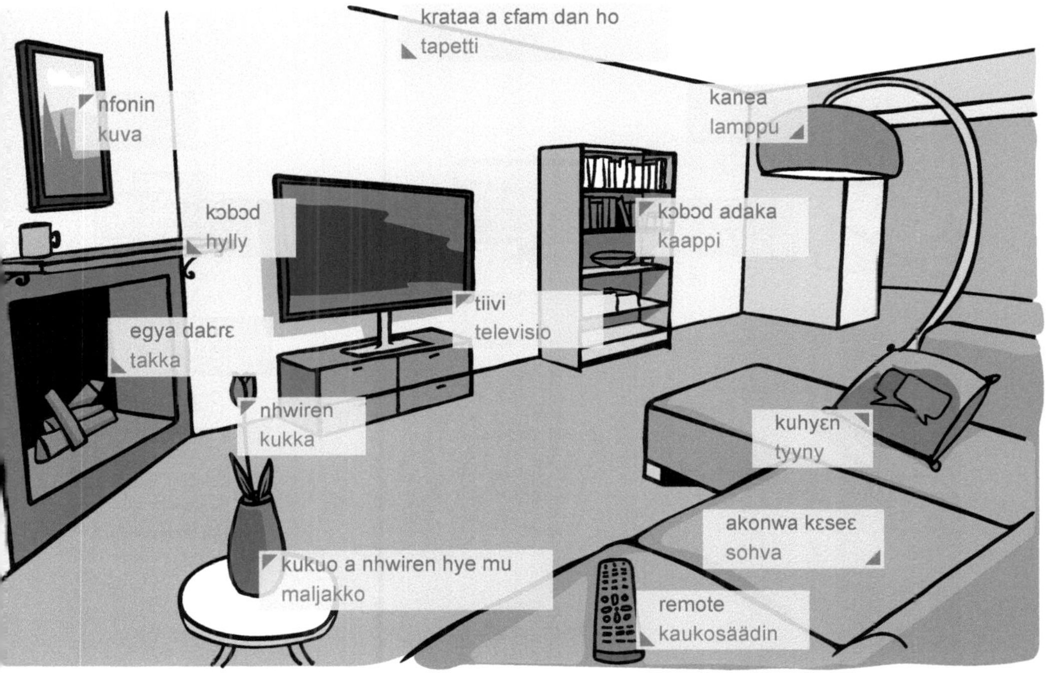

kapɛte
matto

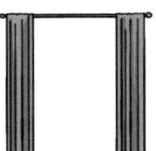

ntwaa dan mu
verho

ɛpono
pöytä

akonwa
tuoli

akonwa a ehinhim
keinutuoli

akonwa a yɛgyegye dan
nojatuoli

nwoma

kirja

kuntu

peitto

dan mu nsiesie

koriste

egya

polttopuut

sini

elokuva

wailɛs

stereot

safoa

avain

koowaa krataa

sanomalehti

nfonin a y'adwi

maalaus

nfam danho

juliste

radio

radio

krataa a yɛ twere mu

muistivihko

afidie a ɛprapra

pölynimuri

kaktus

kaktus

kyɛnere

kynttilä

mukaase
keittiö

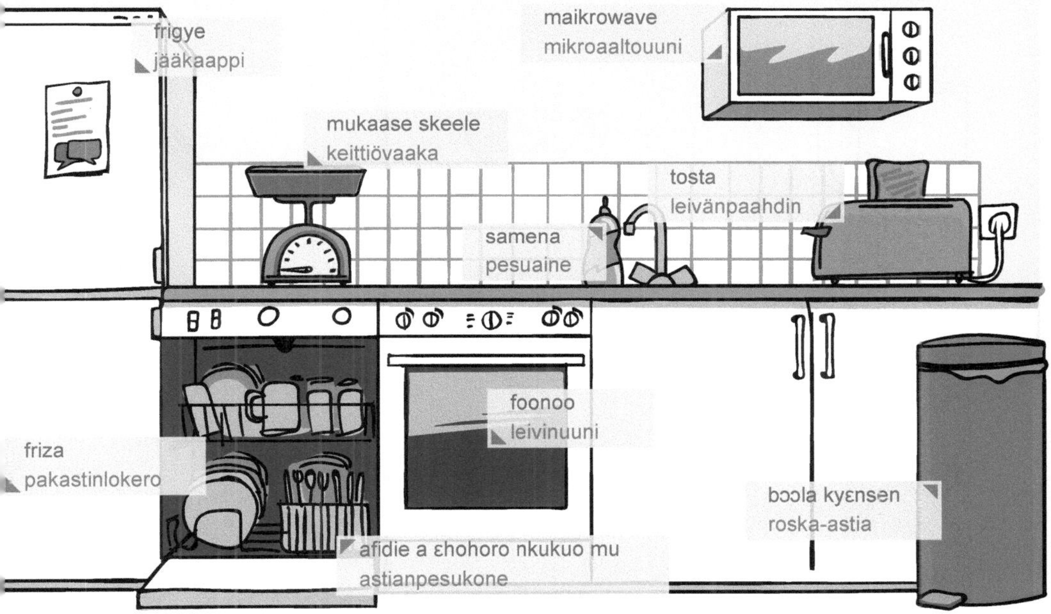
frigye
jääkaappi
maikrowave
mikroaaltouuni
mukaase skeele
keittiövaaka
tosta
leivänpaahdin
samena
pesuaine
foonoo
leivinuuni
friza
pakastinlokero
bɔɔla kyɛnsɛn
roska-astia
afidie a ɛhohoro nkukuo mu
astianpesukone

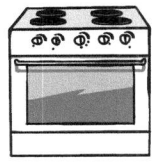

abɛɛfo bukyea

liesi

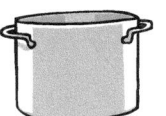

kokuo

kattila

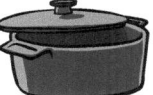

dadesɛn

rautapata

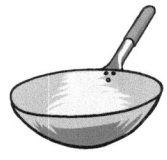

wok / kadai

wokkipannu / kadai-pannu

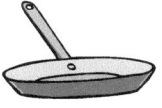

kyɛnsee

paistinpannu

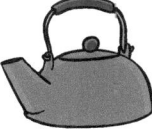

nsuo hyeɛ afidie

teepannu

stiima

höyrykeitin

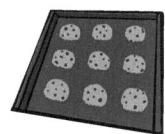

apa a yɛ to so adeɛ

uunipelti

prɛte, kuruwa, ntere ne nea ɛkeka ho

astiat

kuruwa a etumi bɔ

muki

kyɛnsee

kulho

nnua a yɛde didi

syömäpuikot

kwantre

kauha

dua atere

paistinlasta

yɛde nu adeɛ mu

vispilä

sɔneɛ

siivilä

fefe

siivilä

greta

raastin

waduro

mortteli

kyinkyinga

grilli

bukyea

avotuli

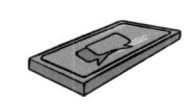

ɛpono a yɛ twitwaso adeɛ

leikkuulauta

ɛta

kaulin

deɛ yɛtu nsa so

korkinavaaja

konko

purkki

deɛ yɛde bue konko so

purkinavaaja

yɛde sɔ kukuo mu

pannulappɹ

sink

lavuaari

brɔhye

tiskiharja

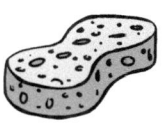

sapɔ

pesusieni

aduane yam fidie

tehosekoitin

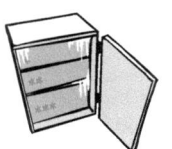

friza nini

pakastin

toa a abɔdoma nom ano

tuttipullo

paipo

vesihana

adwareɛ
kylpyhuone

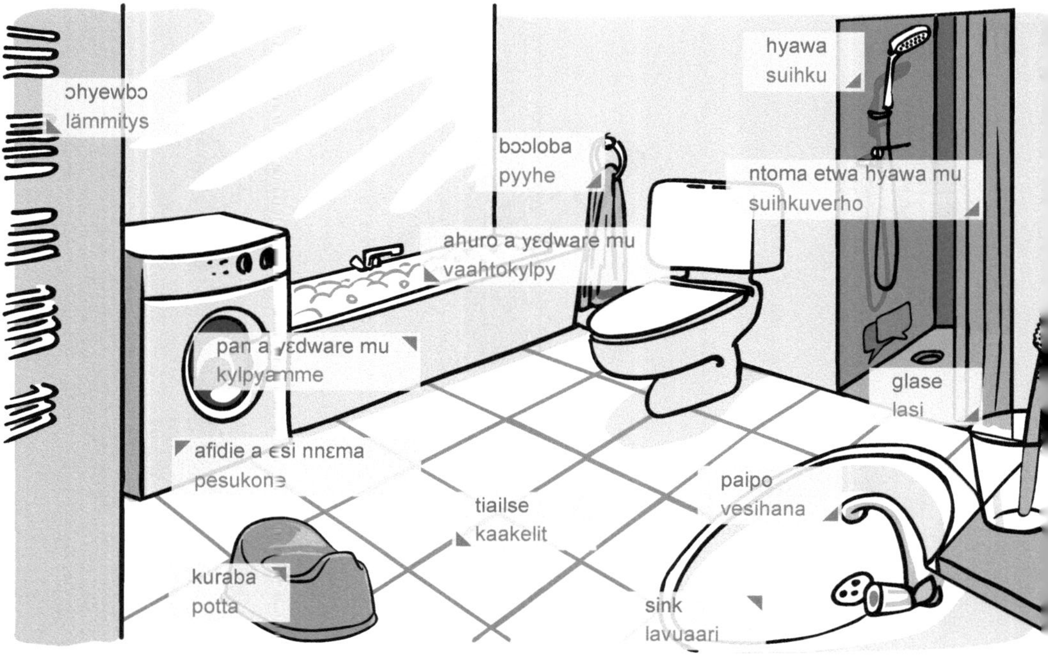
ɔhyewbɔ
lämmitys
hyawa
suihku
bɔɔloba
pyyhe
ntoma etwa hyawa mu
suihkuverho
ahuro a yɛdware mu
vaahtokylpy
pan a yɛdware mu
kylpyamme
glase
lasi
afidie a ɛsi nnɛma
pesukone
paipo
vesihana
tiailse
kaakelit
kuraba
potta
sink
lavuaari

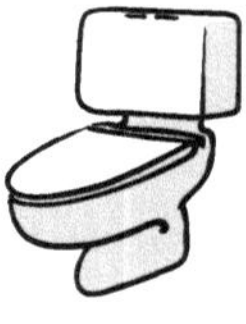

teɛfi

vessa

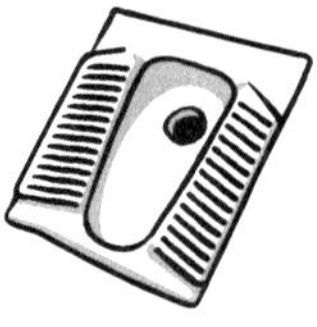

teɛfi a yɛ koto so

kyykkyvessa

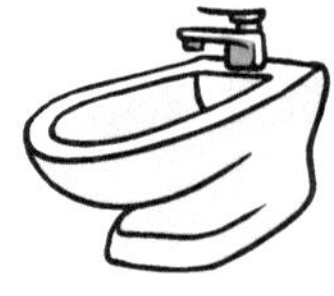

bidet teɛfi

bidee

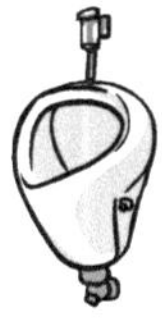

dwonsɔ dan

pisuaari

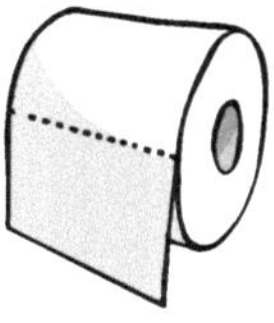

teɛfi so krataa

vessapaperi

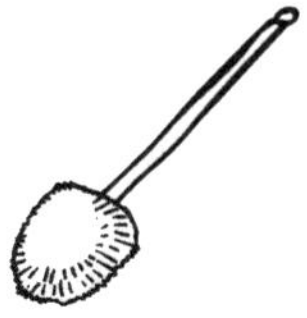

teɛfi so brɔhye

vessaharja

brɔhye a yɛde twitwiri see
....
hammasharja

aduro a yɛde twitwiri see
....
hammastahna

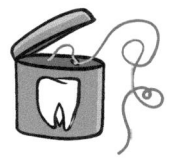

yɛde yiyi ɛseɛ mu
....
hammaslanka

si
....
pestä

hyawa a yɛsɔ mu
....
käsisuihku

paipo a yɛde hohorɔ
ananmu
....
intiimisuihku

bokiti
....
pesuvati

brɔhye a wode dware w'akyi
....
selkäharja

samena
....
saippua

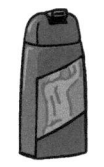

hyawa samena
....
suihkugeeli

nsuo samena
....
shampoo

flanɛl ntoma
....
pesulappu

baabi a nsu fa pue
....
viemäri

nku
....
voide

yɛde fefa amotoamu
....
deodorantti

ahwehwɛ	ahwehwɛ a yɛsɔ mu	bled
peili	käsipeili	partaveitsi
		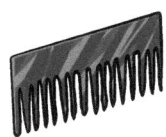
ahuro a yɛde yi nwi	aduro a yɛde fefa baabi a wo ayi nwi	afen
partavaahto	partavesi	kampa
		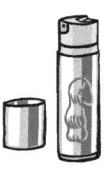
brɔhye	afidie a ɛwo nwi	enwi sopre
harja	hiustenkuivaaja	hiuslakka

pɔns	lipstike	penti a yɛde mɔreɛ so
meikki	huulipuna	kynsilakka

asaawa	apasoɔ a etwa mmɔreɛ	aduhwam
pumpuli	kynsisakset	hajuvesi

adwareɛ baage

kosmetiikkalaukku

edwa

jakkara

skele

vaaka

adwereɛ ataadeɛ

kylpytakki

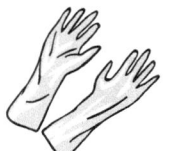

rɔba a yɛde hyɛ nsa ho

kumihansikkaat

tampon

tamponi

abɛɛfo amonsen

terveysside

teɛfi a aduro gum

kemiallinen wc

nkwadaa dan mu
lastenhuone

klɔk a ɛbɔ nkaeɛ
herätyskello
kyoobi
pehmolelu
toi kaa
leikkiauto
akasaa
helistin
broniba dan
nukkekoti
seeseiara
lahja

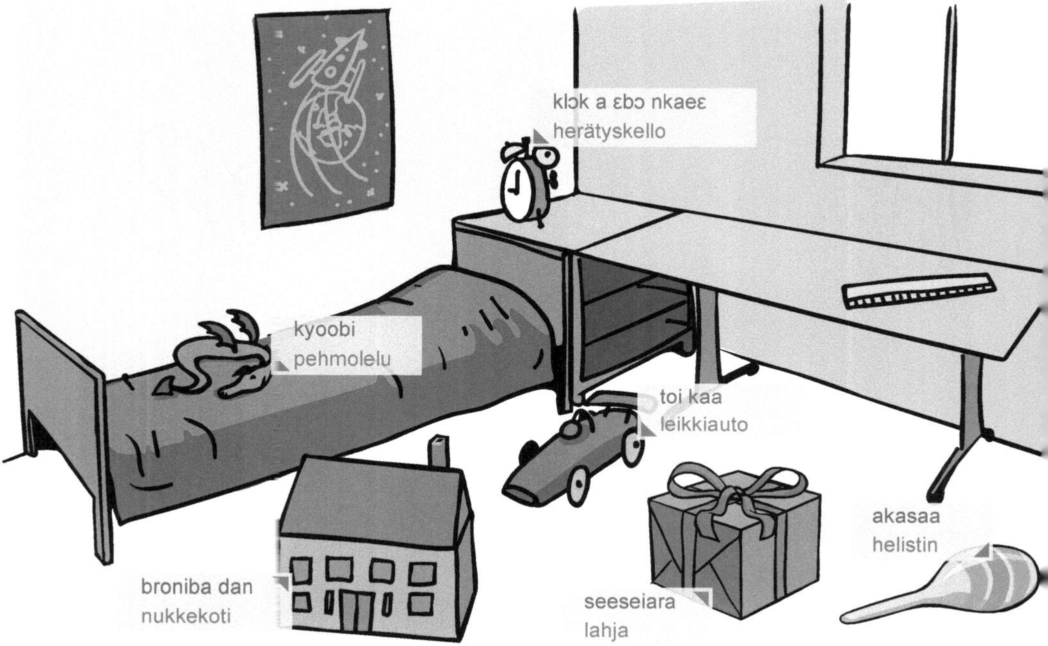

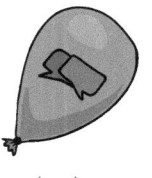

baaluu

ilmapallo

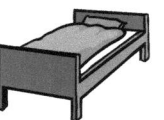

mpa

sänky

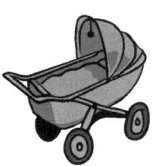

nkwadaa kaa

lastenvaunut

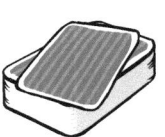

sopaa

korttipeli

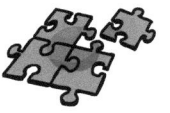

gyiksɔɔ

palapeli

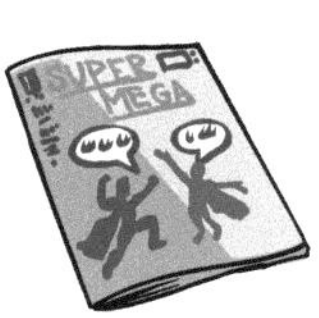

nsɛnkwa

sarjakuva

lego blɔg

legopalikat

blɔg a yɛde si dan

rakennuspalikat

nnipa ɔbɔhye

supersankari

abɔdoma ataadeɛ

potkupuku

frisbee

frisbee

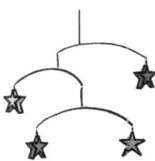

mobail

mobile

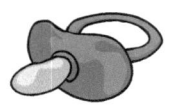

ponoso agodie

lautapeli

daahye

noppa

nkwadaa ketɛke

pienoisjunarata

koliko

tutti

apontoɔ

juhlat

nfonin nwoma

kuvakirja

boolo

bɔɔlo

pallo

broniba

nukke

di agorɔ

leikkiä

anwea adaka

hiekkalaatikko

adonko

keinu

tois

lelut

video agodie apaawa

pelikonsoli

sakre a ne nan mɛɛnsa

kolmipyörä

kyoobi

nalle

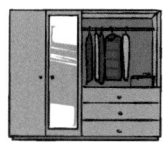

wɔdropo

vaatekaappi

ntaadeɛ

vaatteet

sɔks

sukat

stokens

nylonsukat

sekentait

sukkahousut

duku
kaulaliina

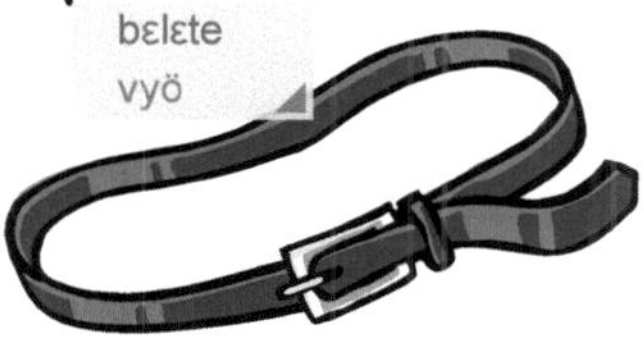

bɛlɛte
vyö

kyiniɛ
sateenvarjo

t-hyɛɛt
t-paita

kamboo
lenkkarit

mpaboa
saappaat

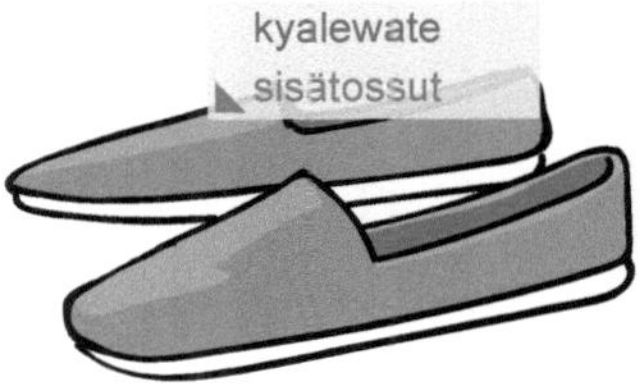

kyalewate
sisätossut

asopatre
....
sandaalit

mpoboa
....
kengät

rɔba mpaboa
....
kumisaappaat

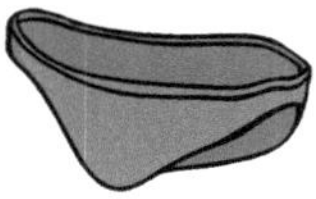

ɛtam
....
alushousut

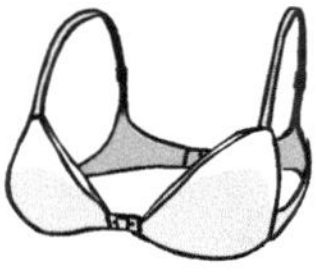

bra
....
rintaliivit

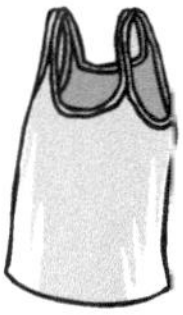

singlɛte
....
aluspaita

nipadua

body

trɔsa

housut

gyins

farkut

sekɛɛt

hame

ɛsoro ataadeɛ

pusero

hyɛɛte

paita

nkatoho a ɛko awɔ

villapaita

hoodie

collegepaita

koot

jakku

nkatasoɔ

takki

nkatasoɔ

takki

nsutɔ mu nkataho

sadetakki

dwumadie bi ho ataadeɛ

puku

mmaa atadeɛ

mekko

ayefrɔ ataadeɛ

hääpuku

kootu
puku

mmaa ataadeɛ a yɛde da
yöpaita

pigyamas ataadeɛ
pyjama

sari
shari

duku
päähuivi

abotire
turbaani

burka
burka

kaftan
kaftaani

nkramofoɔ mmaa atadeɛ
abaya

ataadeɛ a yɛde dware nsuo
uimapuku

asenemu ataadeɛ
uimahousut

nika
shortsit

agokansie ntaadeɛ
verkkarit

akatasoɔ
esiliina

nsa nkataho
käsineet

bɔtom

nappi

sopɛɛse

silmälasit

ahwneɛ

rannekoru

komadeɛ

kaulakoru

kawa

sormus

asomadeɛ

korvakoru

ɛkyɛ

lippalakki

yɛde koot sɛn so

ripustin

ɛkyɛ

hattu

abɔmene mu

solmio

zip

vetoketju

ɛkyɛ denden

kypärä

bresis

henkselit

sukuu ataadeɛ

koulupuku

adwuma ataadeɛ

univormu

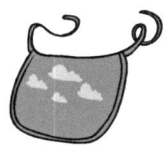

mmɔfra bib

ruokalappu

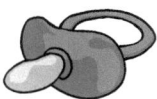

koliko

tutti

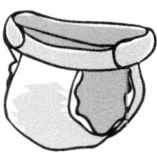

nkwadaa napken

vaippa

asoeɛ

toimisto

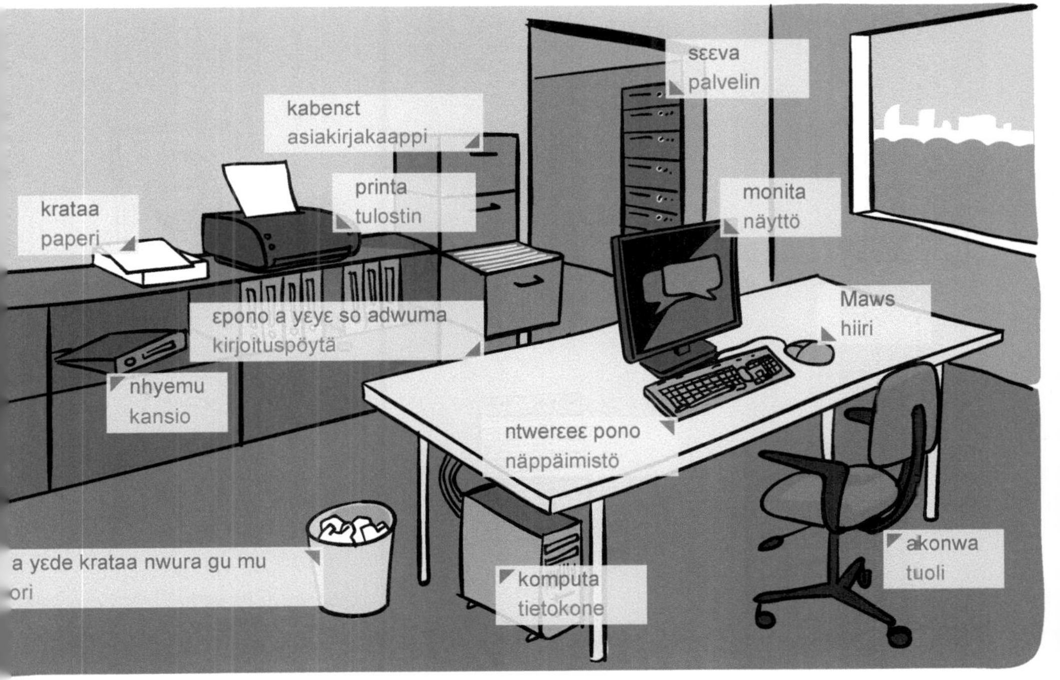

sɛɛva
palvelin
kabenɛt
asiakirjakaappi
printa
tulostin
krataa
paperi
monita
näyttö
Maws
hiiri
ɛpono a yɛyɛ so adwuma
kirjoituspöytä
nhyemu
kansio
ntwerɛɛɛ pono
näppäimistö
a yɛde krataa nwura gu mu
ori
komputa
tietokone
akonwa
tuoli

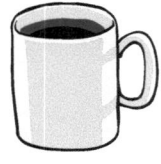

kɔfe kuruwa

kahvimuki

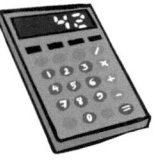

akontabuo fidie

taskulaskin

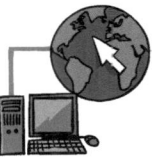

intanɛt

internet

laptop

kannettava tietokone

lɛta

kirje

nkratɔɔ

viesti

mobail kasafidie

kännykkä

nɛtwɛke

verkko

fotokɔpi

kopiokone

softwɛɛ

ohjelmisto

tetefon

puhelin

sɔkɛt

pistorasia

faks afidie

faksi

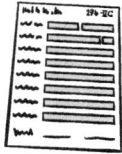

katraa

lomake

nkrataa

asiakirja

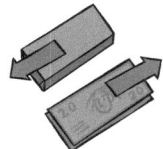

tɔ
ostaa

tua
maksaa

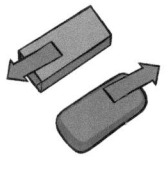

di dwa
vaihtaa

sika
raha

USD

dollar
dollari

EUR

euro
euro

JPY

yen
jeni

RUB

rubel
rupla

CHF

Swiss franɛs
frangi

CNY

renminbi yuan
renminbi juan

INR

rupii
rupia

baabi yɛtua sika
pankkiautomaatt

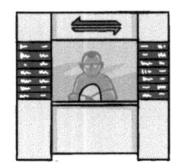

baabi a yɛ sesa sika

rahanvaihto

sika kɔkɔɔ

kulta

dwetɛ

hopea

now

öljy

ahoɔden

energia

ne boɔ

hinta

kontragye

sopimus

ɛtoɔ

vero

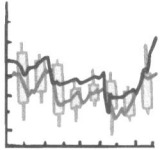

stɔk

osake

adwuma

työskennellä

adwumayɛni

työntekijä

adwumawura

työnantaja

mfididwuma mu

tehdas

sotɔɔ

liike

nwuma ahodoɔ
ammatit

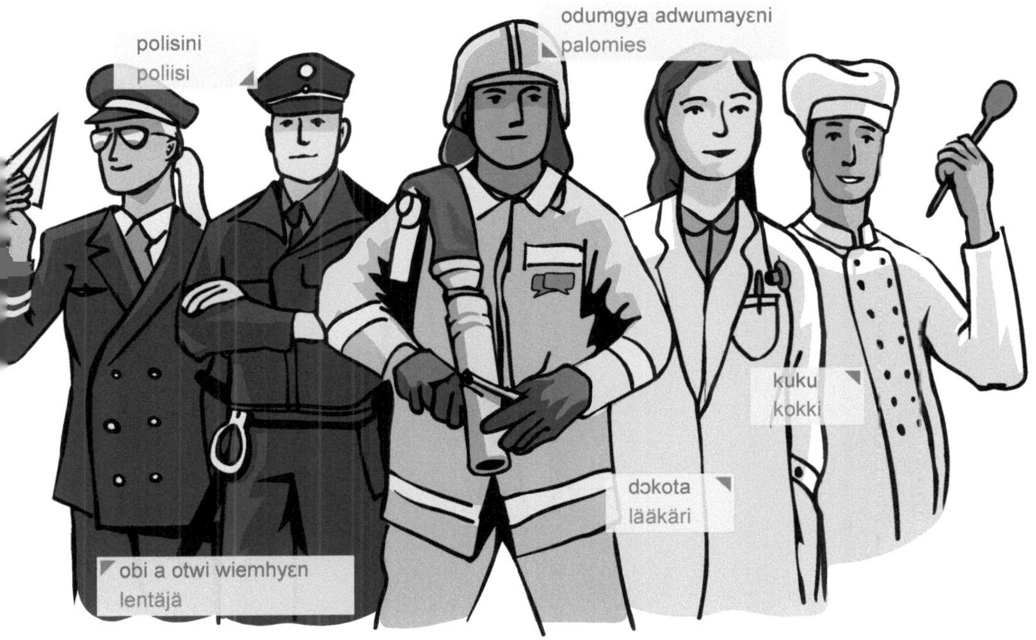

polisini
poliisi
odumgya adwumayɛni
palomies
kuku
kokki
dɔkota
lääkäri
obi a otwi wiemhyɛn
lentäjä

ɔyɛ afuo

puutarhuri

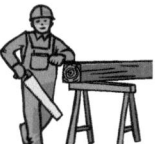

dua dwomfoɔ

puuseppä

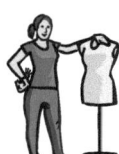

adepani baa

ompelija

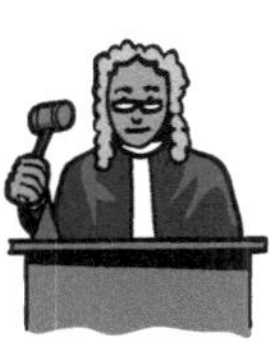

atɛnmuafoɔ

tuomari

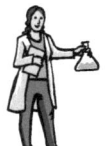

ɔtɔn nnuro

kemisti

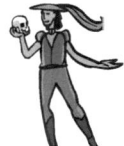

sini yɛfoɔ

näyttelijä

bɔs drɔba

linja-autonkuljettaja

taisi drɔba

taksinkuljettaja

ɔpofoɔ

kalastaja

ɔbaa a osiesie fie

siivooja

ɔbɔdanso

katontekijä

ɔsom adidieɛ

tarjoilija

bɔmɔfoɔ

metsästäjä

penta

maalari

ɔto paano

leipuri

ɔyɛ nkaneɛ ho adwuma

sähköasentaja

ɔdansifoɔ

rakentaja

inginia

insinööri

ɔdwa nam

teurastaja

plɔmba

putkiasentaja

krataa manefoɔ

postinjakaja

sogyani
sotilas

ɔdwi adan
arkkitehti

ɔgyegye sika
kassanhoitaja

ɔtɔn nhwiren
floristi

ɔyɛ tire
kampaaja

meeti
konduktööri

fitani
mekaanikko

nnipa a otwi suhyɛn
kapteeni

ɛsee dɔkota
hammaslääkäri

abɔdeɛ mu nimdefoɔ
tiedemies

rabi
rabbi

kramo panin
imaami

ɔsɔfo
munkki

osɔfo
pappi

anwenade
työkalut

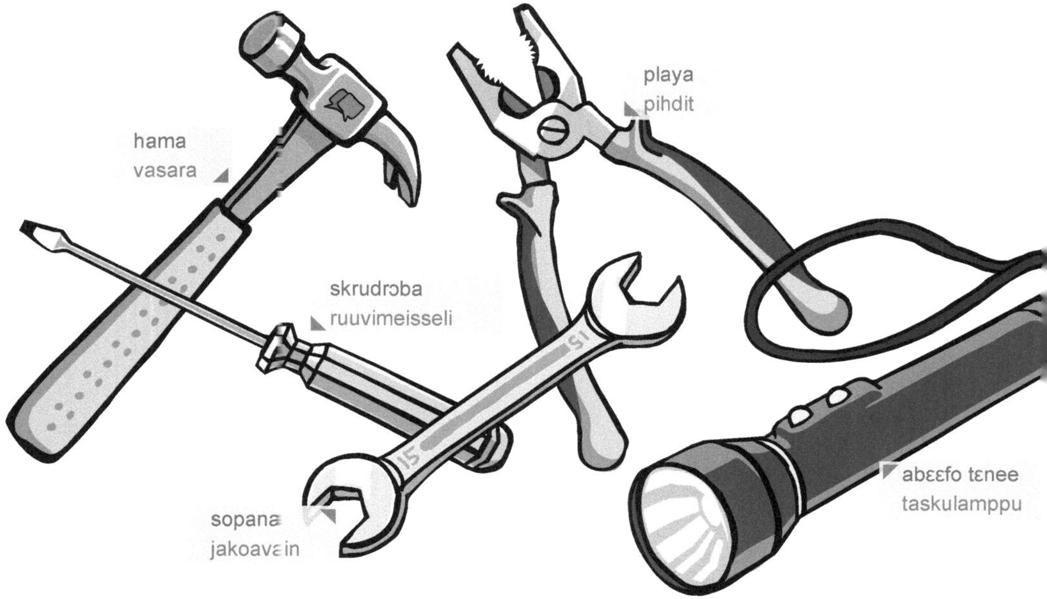

playa
pihdit
hama
vasara
skrudrɔba
ruuvimeisseli
abɛɛfo tɛnee
taskulamppu
sopana
jakoavain

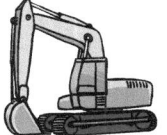

otu amena

kaivinkone

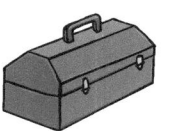

anwenade adaka

työkalupakki

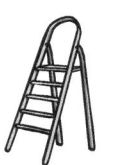

atwedeɛ

tikkaat

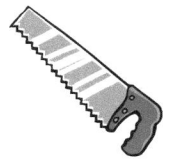

asradaa

saha

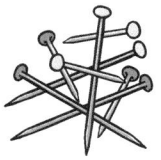

nnadewa

naulat

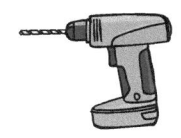

afidie a yɛde bɔne tokro

pora

siesie

korjata

sofi

lapio

Ebei!

Hitto!

asanwura

rikkalapio

penti kukuo

maalipurkki

skruu

ruuvit

nneɛma a yɛde bɔ nwom

soittimet

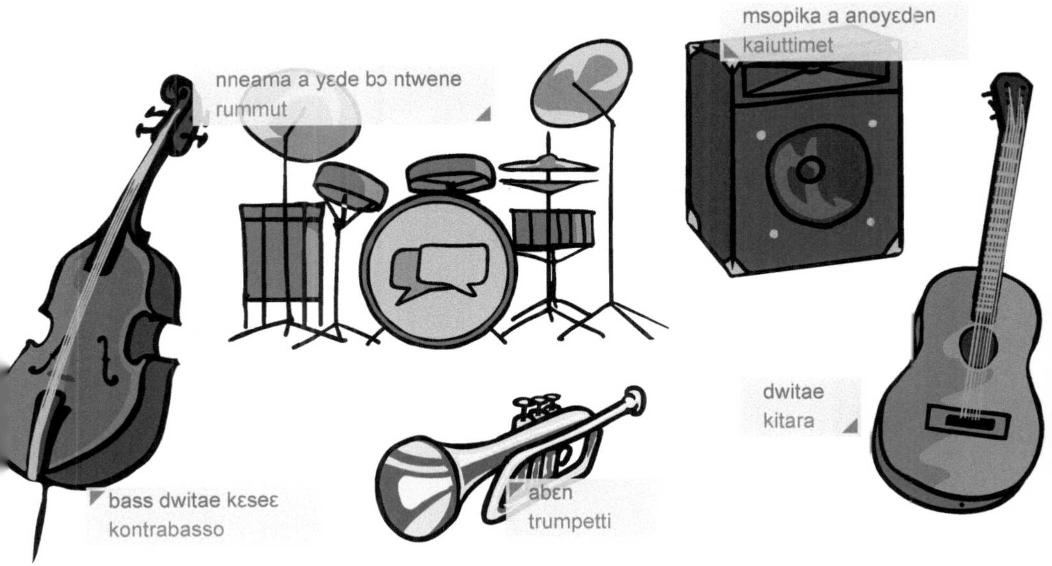

nneama a yɛde bɔ ntwene
rummut

msopika a anoyɛdɛn
kaiuttimet

dwitae
kitara

bass dwitae kɛseɛ
kontrabasso

abɛn
trumpetti

sankuo

piano

ahoma sankuo

viulu

bass dwitae

basso

atumpan

patarummut

ntwene

rumpu

ntwerɛeɛ apa

kosketinsoitin

saksofon

saksofoni

atentenbɛn

huilu

maikrofon

mikrofoni

zoo

eläintarha

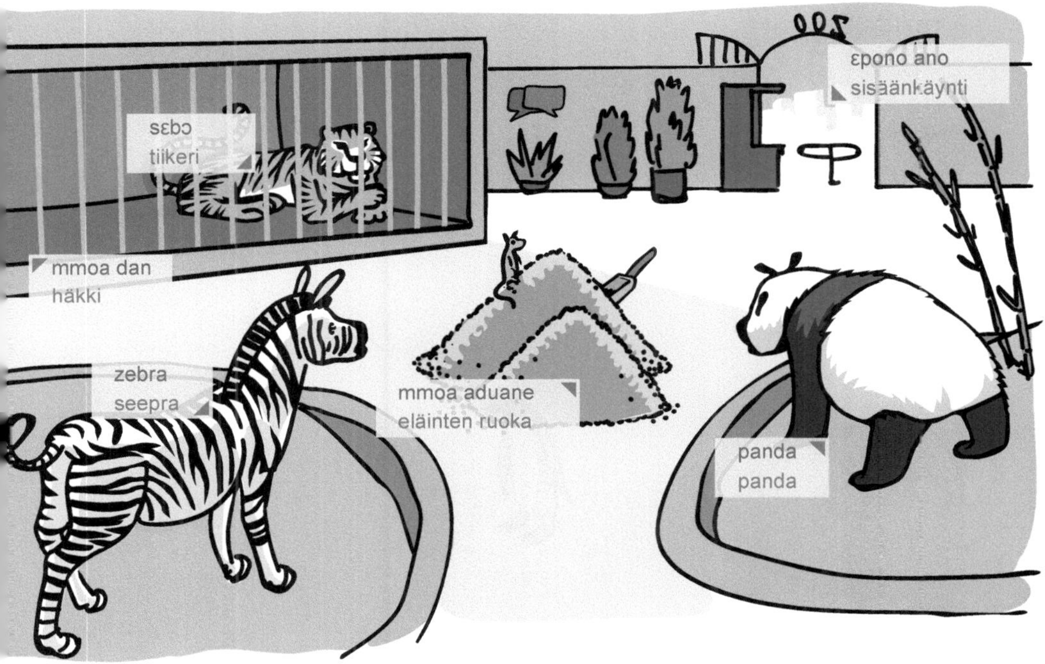

ɛpono ano
sisäänkäynti
sɛbɔ
tiikeri
mmoa dan
häkki
zebra
seepra
mmoa aduane
eläinten ruoka
panda
panda

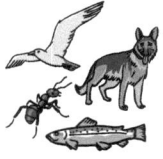

mmoa

eläimet

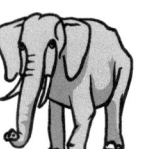

ɔsono

norsu

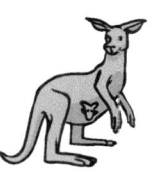

kangaru

kenguru

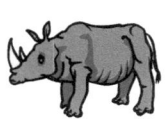

raino

sarvikuono

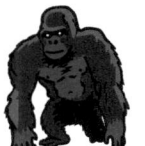

akatea

gorilla

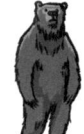

sisire

karhu

afunupɔnkɔ

kameli

sohori

strutsi

gyata

leijona

adwee

apina

flamingo

flamingo

ako

papukaija

awɔ mu sisire

jääkarhu

penguin

pingviini

oboodede

hai

akɔkonini abankwa

riikinkukko

wɔwɔ

käärme

dɛnkyɛm

krokotiili

nnipa ɛhwɛ zoo so

eläintarhanhoitaja

nsuo mu gyata

hylje

sebɔ

jaguaari

ponkɔ ba

poni

etwie

leopardi

susuono

virtahepo

kɔntenten

kirahvi

ɔkɔdeɛ

kotka

kɔkɔte

villisika

apataa

kala

sudandan

kilpikonna

walrus

mursu

sakraman

kettu

ɔtwee

gaselli

Amerikafoɔ futbɔɔlo
amerikkalainen jalkapallo

skre twie
pyöräily

tennis
tennis

bæsketbɔɔlo
koripallo

nsuom adwareɛ
uinti

akutruku
nyrkkeily

asukɔkyea so hɔki
jääkiekko

futbɔl
jalkapallo

badmintin
sulkapallo

mirikatuo
yleisurheilu

bɔɔlo a yɛde nsa bɔ
käsipallo

skii
hiihto

polo
poolo

sere
nauraa

huri
hypätä

bam
halata

nante
kävellä

to dwom
laulaa

so daeɛ
unɛlmoida

bɔ mpaeɛ
rukoilla

fe ano
suudella

twerɛ
kirjoittaa

dwi
piirtää

kyerɛ
näyttää

pia
painaa

ma
antaa

fa
ottaa

nya

omistaa

yɛ

tehdä

yɛ

olla

gyina

seisoa

tu mirika

juosta

twe

vetää

to

heittää

tɔ fam

kaatua

da hɔ

maata

twɛn

odottaa

soa

kantaa

tenase

istua

hyɛ ataadeɛ

pukeutua

da

nukkua

nyane

herätä

hwε

katsoa

su

itkeä

san ho

silittää

nunum

kammata

kasa

puhua

te aseε

ymmärtää

bisa

kysyä

tie

kuunnella

nom

juoda

didi

syödä

yε nsiesie

siivota

ɔdɔ

rakastaε

noa

keittää

twi

ajaa

tu

lentää

fa nsuo so

purjehtia

sese

laskea

kenkan

lukea

sua

oppia

adwuma

työskennellä

ware

mennä naimisiin

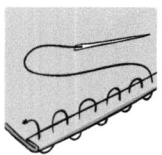

pam

ommella

twitwiri wo se

pestä hampaat

kum

tappaa

nom gyot

tupakoida

mane

lähettää

abusua
perhe

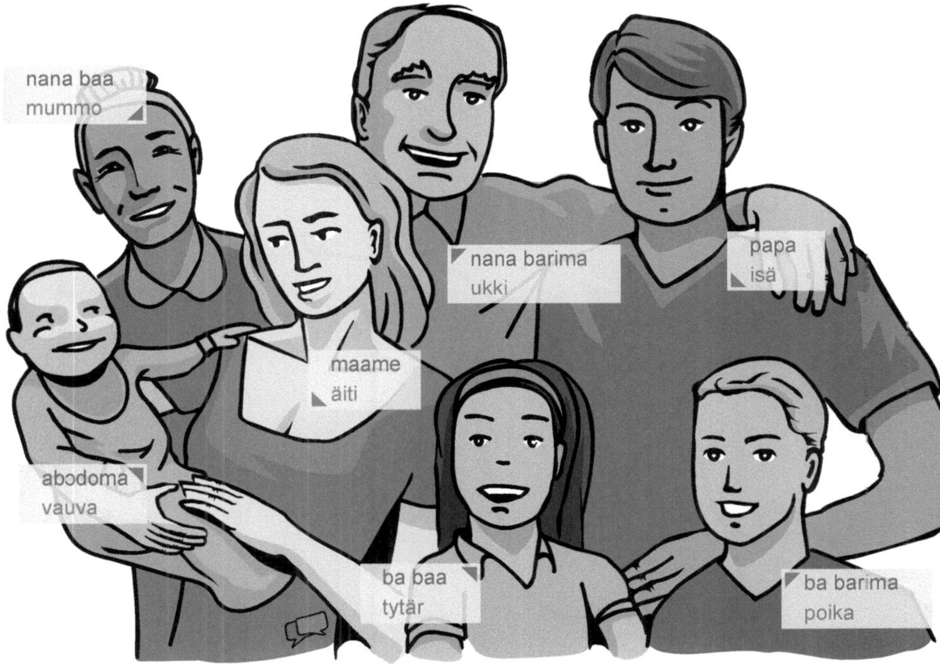

nana baa
mummo
nana barima
ukki
papa
isä
maame
äiti
abɔdoma
vauva
ba baa
tytär
ba barima
poika

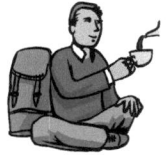

ɔhɔhoɔ
vieras

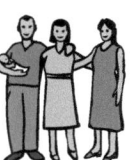

sewaa
täti

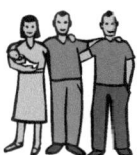

wɔfa
setä

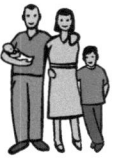

nua barima
veli

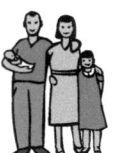

nua baa
sisko

nipadua

vartalo

moma
otsa
ani
silmä
anim
kasvot
nufoɔ
rinta
apantan
leuka
nsatea
sormet
nsa
käsi
nsa
käsivarsi
abɛtire
olkapää
ɛnan
jalka

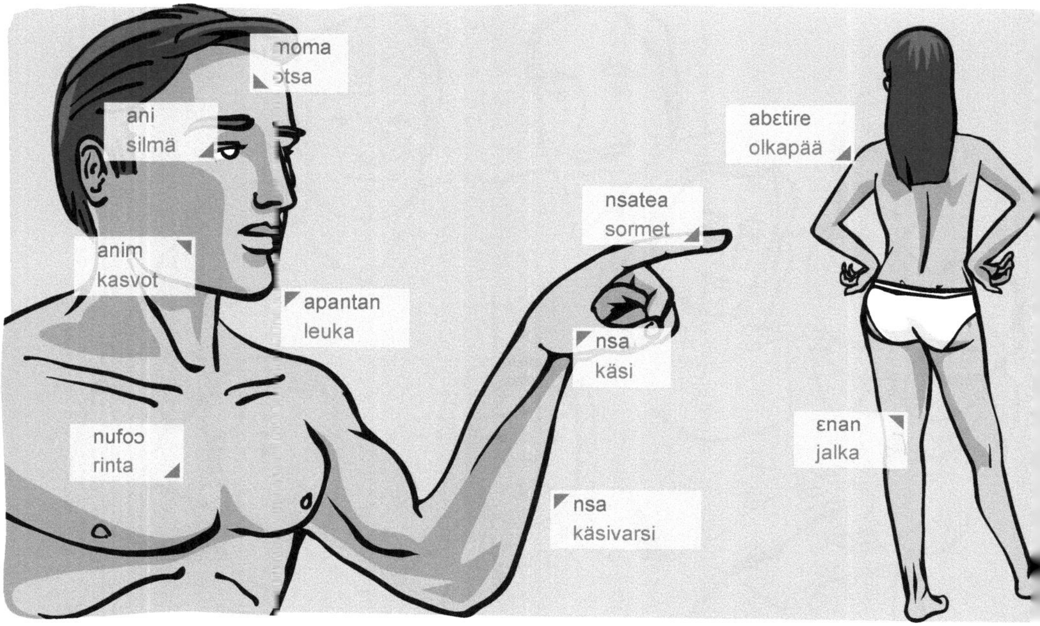

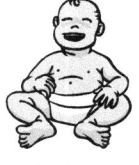

abɔdoma

vauva

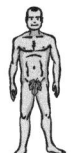

barima

mies

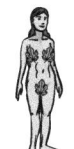

ɔbaa

nainen

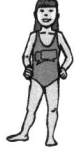

abayewa

tyttö

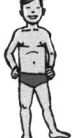

abarimawa

poika

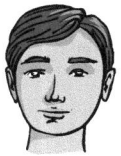

etire

pää

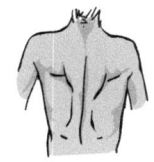

akyi

selkä

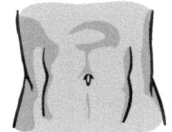

afro

maha

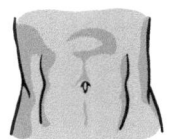

fruma

napa

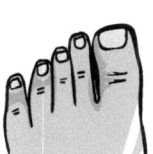

nansoa

varvas

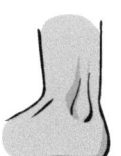

nantini

kantapää

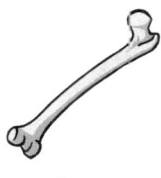

dompe

luu

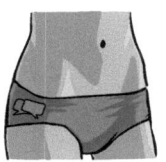

ataasɔɔ

lantio

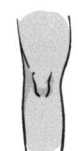

kotodwe

polvi

abatwɛ

kyynärpää

ɛhwene

nenä

ɛtoɔ

takapuoli

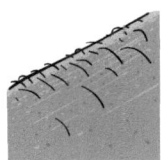

wedeɛ

iho

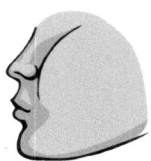

afono

poski

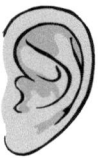

aso

korva

ano

huuli

anom

suu

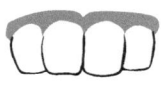

ɛsee

hammas

tɛkyerɛma

kieli

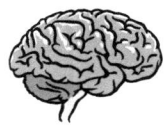

adwene

aivot

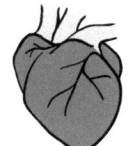

akoma

sydän

ntini

lihas

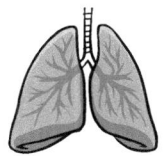

aharawa

keuhkot

brɛboɔ

maksa

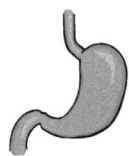

yafunu

vatsa

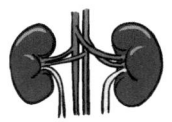

asaa

munuaiset

nna

seksi

kɔndɔm

kondomi

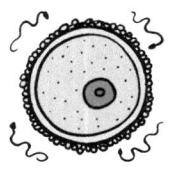

ɔbaa nkosua

munasolu

barima ho nsuo

sperma

nyinsɛn

raskaus

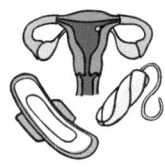

nsabuo

kuukautiset

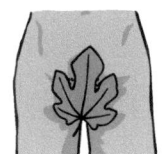

εtwε

vagina

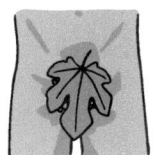

kɔteε

penis

anintɔn

kulmakarvat

enwin

hiukset

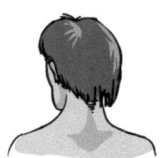

εkɔn

niska

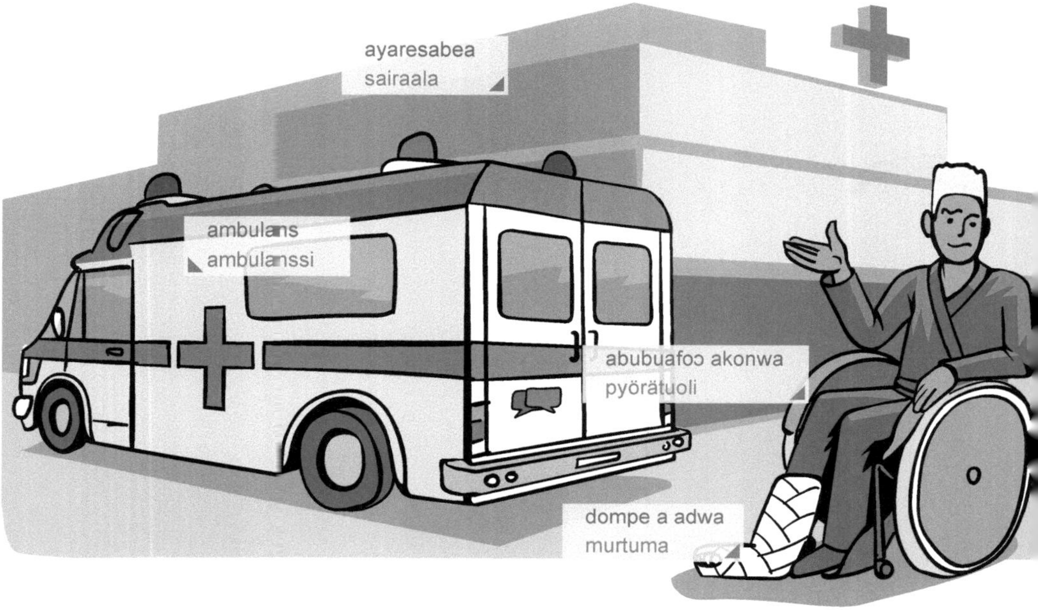

ayaresabea
sairaala

ambulans
ambulanssi

abubuafoɔ akonwa
pyörätuoli

dompe a adwa
murtuma

dɔkota

lääkäri

ɛdan a wɔde putupru nsɛm
kɔmu

ensiapu

nɛɛse

sairaanhoitaja

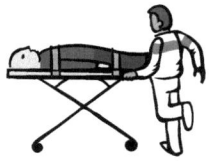

putupru

hätätilanne

wɔ atwa ahwe

tajuton

yea

kipu

epira

vamma

mogyatuo

verenvuoto

akoma yarenini

sydänkohtaus

stroke yarɛɛ

aivoinfarkti

allegyi

allergia

ɛwa

yskä

ahɔɔhyeɛ

kuume

papu

flunssa

ayamtuo

ripuli

tipaeɛ

päänsärky

kokoram

syöpä

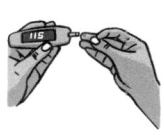

asikyire yarɛɛ

diabetes

dɔkota a ɛyɛ oprehyɛn

kirurgi

skapɛl sekan

veitsi

aprehyɛn

leikkaus

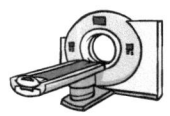

CT
ct

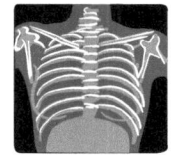

x-ray
röntgen

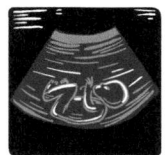

ultrasound
ultraääni

nkatanim
maski

yareɛ
sairaus

ɛdan a wɔ twɛn mu
odotushuone

krɔhyes
sauva

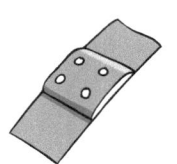

plasta
laastari

banege
side

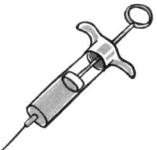

paneɛ
pistos

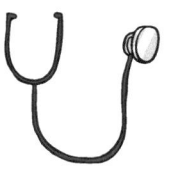

Stetoskop
stetoskooppi

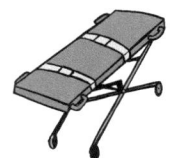

ahomankaa
paarit

afidie a esusu ahoɔhyeɛ
kuumemittari

awoɔ
syntymä

kɛseɛ mmorosoɔ
ylipaino

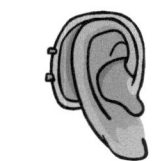

afidie a ɛboa asɛmtie
kuulolaite

aduro a ekum mmoawa
desinfiointiaine

yareɛ a mmoawa deba
infektio

vaarɔs
virus

HIV / AIDS
HIV / AIDS

aduro
lääke

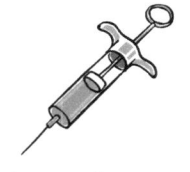

aduro a esi yareɛ ano
rokotus

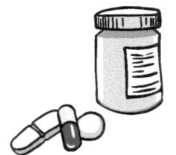

aduro tablɛte
tabletit

topaeɛ
pilleri

ɔfrɛ wɔ putupru so
hätäpuhelu

afidie a esusu mogya mmrosoɔ
verenpainemittari

yareɛ / apomuden
sairas / terve

Boa me!

Apua!

kɔkɔbɔ

hälytys

ɛborɔ

ryöstö

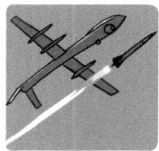

ato ahyɛ obi so

hyökkäys

ɛyɛ hu

vaara

baabi a yɛfa de pue putupru so

hätäuloskäynti

Ogya!

Tulipalo!

afidie a yɛde dumgya

palosammutin

nkwanhyia

onnettomuus

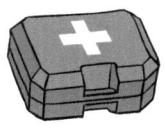

nneɛma yɛde sɔ yareɛ ano

ensiapulaukku

SOS

SOS

polisi

poliisilaitos

Yuropo

Eurooppa

Amerika atifi

Pohjois-Amerikka

Amerika ananfoɔ

Etelä-Amerikka

Abiberm

Afrikka

Asia

Aasia

Australia

Australia

Atlantik

Atlantin valtameri

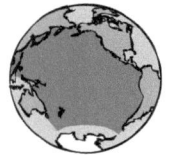

Pasifek

Tyynimeri

India po kɛseɛ

Intian valtameri

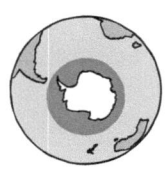

Antaatek po keseɛ

Eteläinen jäämeri

Aatek po kɛseɛ

Pohjoinen jäämeri

Ewiase atifi

pohjoisnapa

Ewiase anaafoɔ

etelänapa

Antaatek

Antarktis

Ewiase

maa

asaase

maa

ɛpo

meri

supɔ

saari

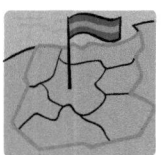

ɔman

kansa

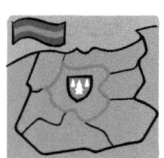

ɔman

osavaltio

klɔko no anim

kellotaulu

dɔnhwere nsa no

tuntiviisari

sima nsa

minuuttiviisari

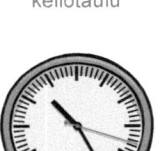

anitɛtɛ nsa no

sekuntiviisari

Abɔ sɛn?

Paljonko kello on?

da

päivä

berɛ

aika

seeseiara

nyt

wkye a nɔma wɔ so

digitaalikello

sima

minuutti

dɔnhwere

tunti

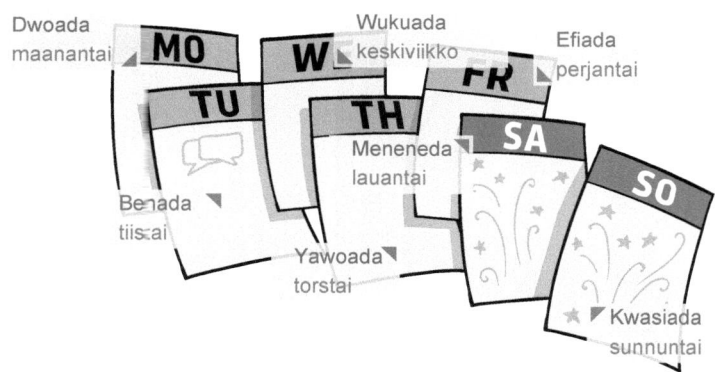

Dwoada maanantai
Wukuada keskiviikko
Efiada perjantai
Meneneda lauantai
Benada tiistai
Yawoada torstai
Kwasiada sunnuntai

ɛnora

eilen

ɛnora

tänään

ɔkyina

huomenna

anɔpa

aamu

prɛmtobrɛ

keskipäivä

anwumerɛ

ilta

adwuma nna

työpäivät

nnawɔtwe awieɛ

viikonloppu

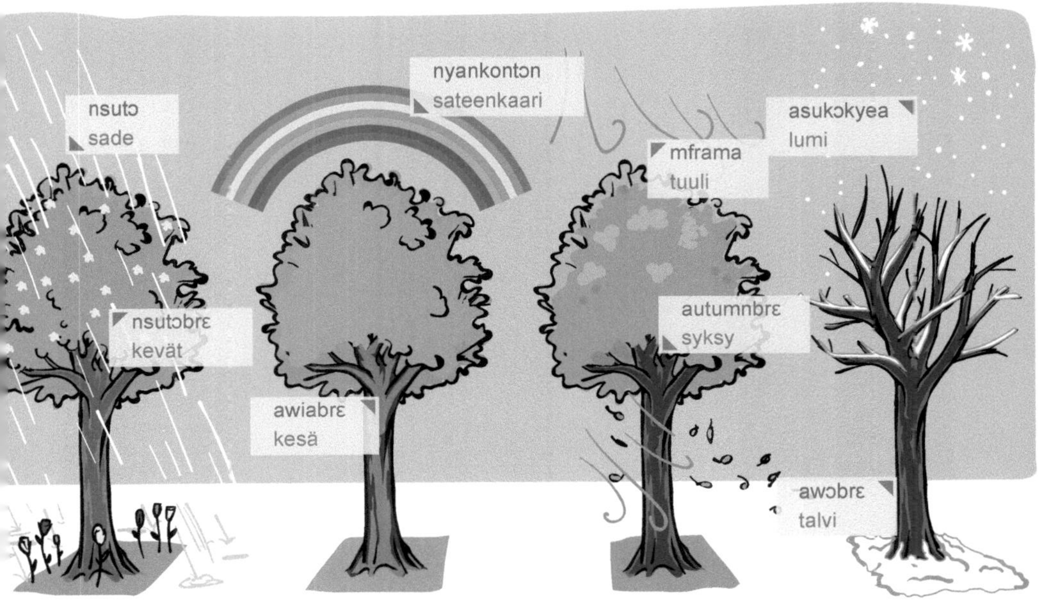

nsutɔ
sade

nyankontɔn
sateenkaari

mframa
tuuli

asukɔkyea
lumi

nsutɔbrɛ
kevät

autumnbrɛ
syksy

awiabrɛ
kesä

awɔbrɛ
talvi

4.APRIL	11°	
5.APRIL	4°	
6.APRIL	13°	
7.APRIL	8°	
8.APRIL	10°	

ewiem nsakrɛeɛ
sääennuste

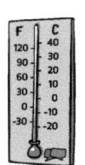

afidie a esusu ade ho hyeɛ
lämpömittari

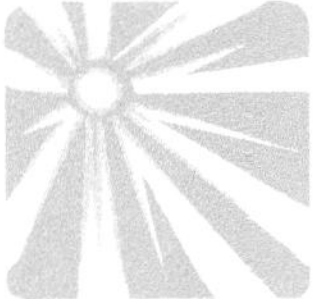

awiabɔ
auringonpaiste

munukum
pilvi

ɛbɔ
sumu

ewiem nsuo
ilmankosteus

ayerɛmo

salama

apranaa

ukkonen

ehum

myrsky

asukɔkyea

rae

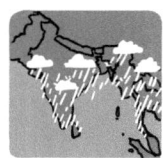

monsoonbrɛ

monsuuni

nsuyiri

tulva

aise

jää

ɔpɛpɔn

tammikuu

ɔgyefɔɔ

helmikuu

ɔbɛnem

maaliskuu

Oforisuo

huhtikuu

Kotonimaa

toukokuu

Ayɛwohomumu

kesäkuu

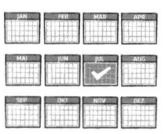

Kitawonsa

heinäkuu

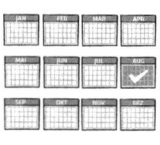

ɔsanaa

elokuu

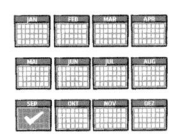

εbɔ
....
syyskuu

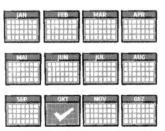

Ahinime
....
lokakuu

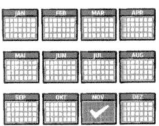

Obubuo
....
marraskuu

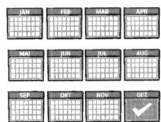

ɔpɛnimaa
....
joulukuu

abosuo
muodot

kanko
....
ympyrä

sokwɛɛ
....
neliö

rɛktangel
....
suorakulmio

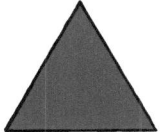

triangel
....
kolmio

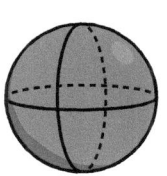

krukruwa
....
pallo

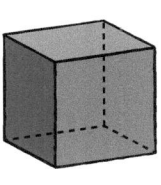

adaka
....
kuutio

fitaa

valkoinen

akokɔ sradeɛ

keltainen

ankaa

oranssi

pink

vaaleanpunainen

kɔkɔɔ

punainen

pɛpol

violetti

bruu

sininen

ahaban mono

vihreä

braun

ruskea

nson

harmaa

tuntum

musta

pii / ketewa

paljon / vähän

wo boafu / wɔ adwo

vihainen / ystävällinen

ɛyɛ fɛ / ɛyɛ tan

kaunis / ruma

ahyɛseɛ / awieɛ

alku / loppu

kɛseɛ / esua

suuri / pieni

ɛha / esum

vaalea / tumma

nuabarima / nuabaa

veli / sisko

ɛho te / ayɛ fin

puhdas / likainen

awie / enwieɛ

täydellinen / epätäydellinen

awia / anadwo

päivä / yö

awu / ɛte ase

kuollut / elävä

emubae / ɛyɛ tea

leveä / kapea

yɛde / yɛnni

syötävä / syömäkelvoton

bɔne / tema

paha / kiltti

wɔ aniagye / wɔ ani nka

innostunut / tylsistynyt

ɔso / teatea

lihava / laiha

edikan / etwatoɔ

ensimmäinen / viimeinen

adamfoɔ / atamfo

ystävä / vihollinen

ayɛ mma / hwee nim

täysi / tyhjä

ɛdenden / mmerɛ mmerɛ

kova / pehmeä

ɛyɛ duru / ɛyɛ ha

painava / kevyt

ɛkɔm / nsukɔm

nälkä / jano

yareɛ / apomuden

sairas / terve

etia mmara / ɛwɔ mmara mu

laiton / laillinen

nyansa / gyimi

älykäs / tyhmä

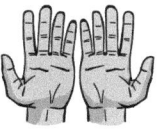

benkum / nifa

vasen / oikea

ɛbɛn / akyire

lähellä / kaukana

foforɔ / dada

uusi / käytetty

hwee / biribi

ei mitään / jotain

wɔ anyini/ ɔsua

vanha / nuori

sɔ /dum

päällä / pois päältä

bue / tom

auki / kiinni

dinn / dede

hiljainen / äänekäs

ɔdefoɔ / ohia

rikas / köyhä

nifa / benkum

oikein / väärin

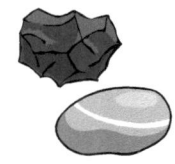

werewerɛwerewerɛ / trontron

karhea / sileä

awerɛhoɔ / anigyeɛ

surullinen / iloinen

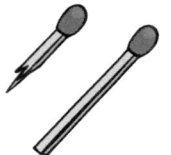

tietia / tenten

lyhyt / pitkä

nyaa / ntɛm

hidas / nopea

afɔ / awɔ

märkä / kuiva

dedɛɛdeɛɛ / adwo

lämmin / viileä

akoo / asomdweɛ

sota / rauha

0

hwee

nolla

1

baako

yksi

2

mienu

kaksi

3

meɛnsa

kolme

4

ɛnan

neljä

5

enum

viisi

6

nsia

kuusi

7

nson

seitsemän

8

nwɔtwe

kahdeksan

9

nkron

yhdeksän

10

edu

kymmenen

11

du-baako

yksitoista

12
du-mienu

kaksitoista

13
du-meɛnsa

kolmetoista

14
du-nan

neljätoista

15
du-num

viisitoista

16
du-nsia

kuusitoista

17
de-nson

seitsemäntoista

18
du-nwɔtwe

kahdeksantoista

19
du-nkron

yhdeksäntoista

20
aduonu

kaksikymmentä

100
ɔha

sata

1.000
apem

tuhat

1.000.000
ɔpepem

miljoona

Brɔfo

englanti

Amerikafoɔ Brɔfo

amerikanenglanti

Chainfoɔ Mandarin

mandariinikiina

Hindi

hindi

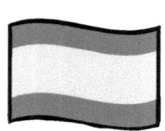

Spainfoɔ kasa

espanja

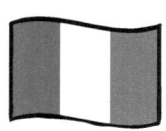

French kasa

ranska

Arabia kasa

arabia

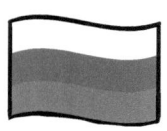

Russianfoɔ kasa

venäjä

Portugalfoɔ kasa

portugali

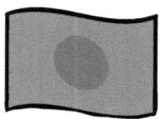

Bengali

bengali

Germanfoɔ kasa

saksa

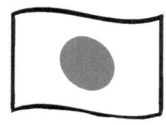

Japanfoɔ kasa

japani

Me

minä

wo

sinä

ono

hän

yɛn

me

wo

te

ɔmmo

he

hwan?

kuka?

deɛ bɛn?

mitä / mikä?

ɛyɛ deɛn?

miten?

ehen?

missä?

dabɛn?

milloin?

edin

nimi

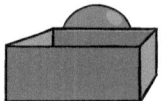

akyire
takana

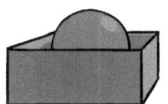

emu
sisällä

anim
edessä

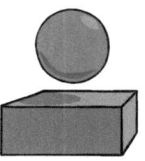

εsoro
yläpuolella

εso
päällä

aseε
alapuolella

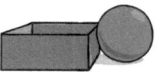

nkyεn
vieressä

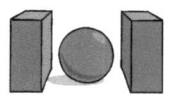

ntεm
välissä

beaε
paikka